MÉDITATION

SUR LA

MORT DE NAPOLÉON.

Par feu Alphonse Rabbe.

(1821.)

PRIX : 1 FR.

PARIS,

Chez
{
AL. MESNIER, PLACE DE LA BOURSE;
CHAUMEROT, GALERIE D'ORLÉANS, PALAIS-ROYAL;
ET CHEZ TOUS LES MARCHANDS DE NOUVEAUTÉS.

1831.

Imprimerie de David,

BOULEVART POISSONNIÈRE, N° 4 BIS.

MÉDITATION

SUR

LA MORT DE NAPOLÉON.

Un navire, messager de mort, vient de traverser les flots azurés de l'Océan ; un crêpe funèbre flottait au milieu des banderolles de pourpre suspendues à ses mâts, et la Renommée reposant sur la poupe du navire, criait d'une voix retentissante : *Peuples, Napoléon n'est plus !...*

Il n'est donc plus cet homme qui fut vingt ans l'orgueil de la France et la terreur de l'Europe !.. Il n'est plus !... Il est étendu dans le cercueil !... et le cercueil, où est-il ?... il est resté sur ce rocher lointain, au pouvoir de ses geôliers et de ses bourreaux !... oui : ses ossemens même demeurent captifs ; ils sont emprisonnés sous une triple voûte scellée de fer.... On dirait que les rois de l'Europe sont réduits à craindre que, tout-à-coup, comme un géant des tombeaux, se levant revêtu du drap mortuaire, il ne traverse les flots de l'Océan, pour venir soulever leurs peuples contre eux.

Il est lentement descendu dans le trépas ce

Titan superbe qui ne devait tomber du char de la victoire que par un coup de foudre, et qui semblait devoir, en tombant, couvrir de ses vastes ruines les cités qu'il avait remplies de sa gloire, et ce lac de sang et de pleurs que vingt ans de guerre avaient creusé!... L'exil, l'esclavage et la mort, trinité désastreuse, se sont assis, comme un affreux cauchemar, sur la poitrine généreuse du guerrier et du conquérant. Elle s'est enfin brisée. Le guerrier, le conquérant, le vaste génie, le grand homme, ne sont plus !...

Rois de l'Europe! l'exil, l'esclavage et la mort, voilà donc le prix dont vous avez puni les triomphes de celui qui, rajeunissant les doctrines monarchiques, ferma le premier la bouche du volcan qui menaçait de vous dévorer tous !..... Les peuples qu'il opprima le pleurent, tandis que d'une joie aveugle vous insultez à son trépas. D'où vient cette contradiction ? il était grand : vous êtes petits. Il épuisa l'admiration du monde, et maintenant la haine des amis de la liberté, séparant son nom de votre cause, reste muette devant l'immensité de sa mémoire.

Oui, nous le pleurerons après l'avoir abhorré; car s'il fut un tyran, il fut un grand homme, et la même main qui se fût armée du poignard pour l'en frapper au cœur lorsqu'il était au faîte de la puissance, inscrira des regrets sur la pierre de son funèbre monument. La patrie, il est vrai, fut asservie par lui, mais non pas humiliée. La

France était à genoux devant un trône absolu, l'ouvrage de ses propres mains ; mais, au dehors, debout, et dans la plus fière attitude, elle étendait ses bras puissans pour embrasser des conquêtes.

Nous étions sous sa loi, mais l'Europe était sous la nôtre ; la France était grande, majestueuse et respectée ; à l'ombre de son épée victorieuse, et derrière le bruit du canon, le commerce et les beaux arts avaient des jours prospères ; et l'industrie, mère des richesses, poursuivait sa course aggrandie avec une pleine sécurité. La liberté avait cédé toutes ses généreuses flammes au génie de la victoire. Elle se reposait assise dans les institutions ; et peut-être un jour, ressaisissant son sceptre orné de tant de palmes glorieuses, elle eût à son tour exercé toute cette active puissance qu'elle avait confiée à l'autorité du génie, et non pas abdiquée.

Il n'est plus !... ils l'ont fait arriver à la tombe par une lente et cruelle agonie ; le scalpel a révélé ses douleurs que n'avait trahi aucun soupir ; quel est l'invisible vautour qui dévorait ainsi ce cœur superbe ?... Le regret : ah ! les héros même dans la plénitude de leur brillante carrière, ne s'affranchissent pas du tribut que paie tout mortel au regret d'avoir traversé ce théâtre de fausses gloires et de trop réelles douleurs !....

Il est couché dans la tombe ce gigantesque rival des rois de l'Europe : ils ne le craindront plus. Elle est arrivée à son terme cette lente expiation de sa gloire et de nos malheurs !.. et son âme, en brisant les liens de sa captivité, a jeté un regard d'orgueil et d'amour sur la France. Maintenant aux pieds de l'Éternel, affranchi des misérables jugemens de la terre, il va voir peser, dans la balance de son incompréhensible justice, les mérites de son étonnante vie. Il est retourné pour rendre compte de sa mission à celui qui l'avait envoyé sur la terre pour travailler les peuples, et désenchanter la majesté des rois.

Cette vie extraordinaire, les générations futures sauront la comprendre et l'admirer. Napoléon s'élança sur la scène du monde, comme un aigle qui, n'ayant pas eu besoin des ailes de son père, paraît tout-à-coup au sommet des cieux... Ses premiers pas dans la carrière éclatante des combats et des victoires, furent les effets d'une inspiration toute divine. Jours de magnifique et d'immortelle mémoire, que ces premiers jours où Bonaparte, vainqueur dans les champs d'Italie, et premier soldat de la république, suspendait ses trophées aux voûtes du temple de la patrie et de la liberté !..

Il donna la paix à l'Europe. L'acte de Léoben le mit un instant au rang des bienfaiteurs du monde. Il comprenait, à cette époque, tout ce qu'avaient de grand et de doux les titres de pacificateur et de vainqueur soumis aux lois. La bonne foi, et toutes les vertus conseillaient ses pensées ; il aimait la patrie ; il voulait la liberté. Pourquoi ces magnanimes impressions furent-elles si rapides dans son âme ? Hélas ! la bassesse de quelques vieux transfuges du culte de l'anarchie lui persuada qu'il s'était trompé, et qu'il avait élevé trop haut dans son estime les hommes de son temps, en les croyant dignes de la liberté.

France qui l'as si souvent accusé de t'avoir asservie, tu courus au-devant de ses fers. Lassée de législateurs sans justice, de magistrats sans grandeur ; lassée de dissentions excitées au nom de liberté, et dont une tyrannie anarchique recueillait toujours les fruits, tu chassas toi-même du sanctuaire les ministres imposteurs qui la deshonoraient en prétendant entretenir son culte ; et, à la place de cette idole que tu croyais avilie, tu mis ton image, ta propre image, couronnée des lauriers du vainqueur de l'Egypte et de Marengo.

Demande maintenant pourquoi la splendeur d'une fortune si rare ne put lui suffire, et pourquoi le grand-homme législateur reprit trois fois le glaive inexorable du conquérant. Demande d'où lui venait cet insatiable besoin de bouleverser le monde et de fouler les vieux trônes de l'Europe sous les pas ensanglantés de six cent mille destructeurs entraînés par la magie de son seul nom !... Demande pourquoi tant d'imprudente générosité dans ses desseins combattit le désir de soumettre les rois de son temps à l'orgueil de son jeune diadême ; demande enfin pourquoi il ne sut pas anéantir dans leurs défaites les potentats qu'il n'avait pas craint d'humilier !...

La solution de tes doutes inquiets serait le secret de la destinée de Napoléon. Considère sa vie : il semble qu'il fut plus et moins qu'un homme. Jamais mortel ne parut moins l'ouvrage de ses semblables ou de ses propres conseils ; l'invincible fatalité qui préside aux destins du monde, composa sa fortune de ses caprices les plus singuliers : ses exploits, ses revers ; ses crimes et ses vertus ; les aperçus vastes et les erreurs grossières de son génie, sont les jeux d'une mystérieuse divinité qui paraît, tour à tour, sublime et frivole dans ses desseins, adorable ou funeste dans ses œuvres. Sa fin même ne fut pas de lui : il a succombé languissant dans les chaînes de l'oligarchie européenne et n'a pu signaler sa défaite ni sa mort ; parce que cet héroïsme facile eût privé le monde de l'exemple inouï de cette captivité et de cet abandon où jamais conquérant n'avait achevé sa carrière.

Tant d'effets opposés combinés pour l'étonnement et puis pour le désenchantement du monde, attestent un dessein dans la bonté de la Providence dont les peuples doivent être reconnaissans. Napoléon (il n'y a que ce moyen d'expliquer l'énigme de sa destinée) était, peut-être, un archange déchu pour le crime d'une antique rébellion. Il vint ici-bas accomplir l'expiation de sa faute. Mais, dans les desseins de l'Éternel, les châtimens des intelligences supérieures tournent au profit du reste de la création. Napoléon reçut la mission d'affranchir le monde en commençant par lui imposer des fers; les rois, quand le moment fixé par le sort est venu, ont enfin brisé sa puissance; les peuples aguerris contre le faux droit divin, briseront tout-à-l'heure la puissance des rois.

Il n'est plus! La France peut bien lui donner quelques larmes, puisqu'elle immola ses générations adolescentes pour conquérir les palmes qui décorèrent ses pompes triomphales. Quand il était un dominateur puissant et glorieux, nous cédâmes tous à l'enivrement des conquêtes, à la magie de la gloire; nous nous' entreregardions fiers et satisfaits à la lumière de cet astre nouveau.

Il ne faut pas s'en dédire : les sages eux-mêmes et les pontifes d'une religion qui proscrit de tels prestiges, disaient ensemble : « Cet homme est le favori de l'Éternel! » Ils disaient : « Il est grand, il est généreux et magnanime dans la victoire. Il n'a point attaché les rois vaincus au timon de son char... Pouvant n'avoir que des esclaves, il a voulu souffrir des égaux... Il a rétabli des trônes; il a fait des rois ! il a pardonné comme Auguste qui n'avait pas vaincu comme lui ! Tous ses triomphes ont enfanté d'utiles monumens, les traces de-sa grandeur sont par tout, et les vestiges de son immortel génie vivent sur notre sol et dans nos palais superbes comme dans le livre de nos lois.

Voilà ce que disaient des hommes pleins d'expérience et de jour, des hommes qui avaient vu l'aurore de notre révolution, et sacrifié, pendant leurs jeunes années, devant les autels d'une orageuse et sanglante liberté.

Peuples, souffrez que nous rappellions cette suprématie glorieuse que la vengeance de vos rois nous fait tant expier ; et vous, Français malheureux, ne vous écriez pas, en déguisant le sentiment de notre humiliation, avec une puérile lâcheté : nous voilà désenchantés de la manie des conquêtes. Vils esclaves que nous sommes ! le monde n'avait pas attendu Napoléon pour dire anathême aux conquérans ; trente ans avant lui, sous le règne d'un monarque juste, pacifique et malheureux, les lettrés de Paris proclamèrent en pleine académie que l'imitateur de César et d'Alexandre ne serait plus aujourd'hui qu'un odieux brigand.

A quoi servent toutes ces protestations philosophiques contre la nécessité des destins de l'humanité ? Vains mortels ! la guerre et les Napoléon vous sont nécessaires, ne fut-ce que pour vous épargner l'horreur des discordes civiles. Le crime est moins grand de disputer à son frère la possession du champ paternel, que de déchirer le sein de sa mère. Puisqu'il faut, par la loi de leur nature, que les hommes s'entredévorent, laissons du moins les conquérans leur creuser de glorieux tombeaux ; le sang qui coule dans les batailles n'est pas dépravé comme celui qui vieillit dans nos veines désséchées et flétries par des passions mauvaises.

Le néant vaut mieux qu'une honteuse servitude, et l'aspect des ruines déplaît moins aux yeux de l'ami de l'humanité que le tableau d'une nation dégradée et courbée dans ses pleurs et sa misère, sous un sceptre qu'aucun laurier n'a jamais décoré.

Ah ! combien nous ont paru petits, depuis que nous les avons vus prosternés à ses pieds, ces rois jadis si grands à tous les yeux !... Tous leurs trônes ne sont plus que des chaînes de paille que le feu dévore auprès d'un trône pour lequel la fortune avait épuisé tous les genres de grandeurs. Ils insultent cependant à ces grandeurs tombées ; ils pensent avoir brisé ce sceptre comme un fragile roseau ; tremblez ! le sceptre de Napoléon existe encore... il a passé de sa main dans la main des peuples ! Ils le garderont, et désormais commune mesure de tous les pouvoirs usurpés ou légitimés, il servira à faire voir que rien n'est véritablement grand ni durable dans la puissance fondée sur le mépris et l'oubli des droits de l'humanité.

Rois de la Sainte-Alliance, vous vous applaudissez dans votre joie ; sa mort consolide l'ouvrage de tant de congrès. Le trépas a glacé cette main puissante qui pouvait encore briser les triples chaînes dont vous nous avez ceints. Ah ! modérez pourtant la vivacité de vos transports... son cercueil, en tombant dans l'abîme ouvert avant lui sous vos trônes, va, peut-être, en rallumer les feux;... les préjugés et les fausses mœurs, bases de votre puissance, ont péri dans la chute de Napoléon, et, quand il a succombé sous les coups de la fortune, il était déjà proscrit et vaincu par l'opinion.

L'arrêt de la justice des peuples avait déjà condamné ce superbe Capanée qui s'intitulait, comme vous, la loi vivante de l'État et le délégué de l'Eternel. Il est tombé ! la rouille de la tombe enveloppe son glaive et le bruit même de son trépas nous a peu touchés, tant nous sommes revenus du culte de l'enthousiasme et des avilissantes idolatries. Vous n'avez ni son génie, ni son courage, ni son inflexible volonté : vous n'obtiendrez jamais notre admiration, ni notre amour, pas même notre estime !.... et vous osez pourtant compter sur l'avenir en restaurant vos édifices monarchiques avec les débris de son empire souillés et dispersés...

Ah ! les îles de l'Océan peuvent garder une prison à tous les despotes ! Les rois eux-mêmes, en reléguant Napoléon à Sainte-Hélène, semblent avoir voulu nous enseigner comment on sépare les peuples des usurpateurs audacieux de leurs droits.

Le plus grand crime de Napoléon n'est pas d'avoir répandu le sang des hommes, c'est de les avoir trompés, c'est d'avoir gravé les emblêmes de la sanction religieuse sur le glaive du pouvoir arbitraire; d'avoir fait verser sur son front l'huile sainte pour perpétuer les ressources qu'offre au despotisme la crédulité.

Il n'est plus! de cette organisation si rare et si merveilleuse, il ne reste plus qu'un peu de pourriture et des ossemens!... Serait-ce là tout?.. Ah! si les systèmes qui bornent tout l'homme à la matière répugnent à notre pensée, sans doute, c'est lorsqu'il s'agit d'un homme immense comme Napoléon. Qui pourrait croire, en effet, que les causes de cette existence si vaste, de cette vie si prodigieusement active, de ces desseins qui embrassaient le monde dans leur étendue, de ces pensées si fécondes qui représentaient, dans un cerveau unique, tous les phénomènes politiques des divers âges des sociétés, pour les reproduire dans l'espace de quelques années; qui croirait que tous ces prodiges consacrés à une éternelle mémoire, n'ont été que le produit d'un ensemble organique dont il ne reste plus que de fétides lambeaux.

Vous pleurerez nombreux compagnons de sa gloire, mais vous ne croirez pas qu'il ait péri tout entier. Hélas! dans l'illusion de vos espérances, peut-être même refuserez-vous de croire à sa fin. Ce mortel extraordinaire vous avait accoutumés à des idées d'éternelle puissance, et vous pouvez bien croire à l'éclipse de cet astre, mais non pas à sa disparution de l'horizon des vivans.

Il n'est plus pourtant ce chef immortel qui savait vous payer le prix de votre sang avec l'or pur de la louange belliqueuse... vieux légionnaires, vous les anciens de la gloire ; guerriers français, italiens, et vous fidèles et courageux Polonais ; braves de tous les pays, qui triomphâtes avec lui sur tant de champs de bataille, mouillez de vos pleurs ce vieux ruban, pâle signe de votre gloire méconnue ; celui qui l'avait empreint des couleurs de la victoire est au tombeau plus pâle que lui... Recueillez tout ce que vous avez lu de votre général ; redites-vous les paroles qu'il vous adressa dans cent batailles. Cette voix qui faisait trembler le monde est éteinte : à travers les vagues du vaste Océan elle a murmuré un dernier adieu à la France et à vous ; vous ne l'entendrez plus...

Un navire, messager de mort, vient de traverser les flots azurés de l'Océan : un crêpe funèbre flottait au milieu des banderolles de pourpre suspendues à ses mâts, et la Renommée, reposant sur la poupe du navire, criait d'une voix retentissante : Peuples, Napoléon n'est plus !

FIN.